2me Vente D. DUBUISSON

Les Mardi 6, Mercredi 7, Jeudi 8 et Vendredi 9 Avril 1897

A DEUX HEURES PRÉCISES

DANS UN LOCAL

50, RUE SAINT-SABIN, 50

MODÈLES

POUR

BRONZES D'ART ET D'AMEUBLEMENT

Avec droit de reproduction

PROVENANT

De la Maison D. DUBUISSON

Fabricant de bronzes à Paris

PAR SUITE DE CESSATION DE FABRICATION

EXPOSITION PUBLIQUE

Les Dimanche 4 et Lundi 5 Avril 1897

DE 10 HEURES DU MATIN A 4 HEURES DU SOIR

COMMISSAIRE-PRISEUR

Me Frédéric LECOCQ

Rue Richer, 41

EXPERTS

M. A. DACHERY	**M. LE MAIRE DEMOUY**
7, Rue des Filles-du-Calvaire	Rue de l'Université, 10

PARIS — 1897

IMPRIMERIE MAULDE et RENOU

MAULDE, DOUMENC & Cie

IMPRIMEURS DE LA COMPAGNIE DES COMMISSAIRES-PRISEURS

Rue de Rivoli, 144. — Paris

CATALOGUE

DES

MODÈLES

POUR

BRONZES D'ART ET D'AMEUBLEMENT

Avec droit de reproduction

Statuettes, Groupes, Bustes, Pendules, Cartels
Lustres, Bras, Torchères, Chenets
Girandoles, Bouts-de-Table, Vases, Jardinières, Coupes, Encriers
Cadres, Flambeaux, Sonnettes, Lampes, etc.

PROVENANT

De la Maison D. DUBUISSON

Fabricant de bronzes à Paris

DONT LA 2ᵉ VENTE AUX ENCHÈRES PUBLIQUES AURA LIEU

Par suite de cessation de fabrication

50, RUE SAINT-SABIN, 50

Les Mardi 6, Mercredi 7, Jeudi 8 et Vendredi 9 Avril 1897

A **DEUX** HEURES **PRÉCISES**

COMMISSAIRE-PRISEUR

Mᵉ Frédéric LECOCQ

Rue Richer, 41

EXPERTS

M. A. DACHERY	M. LE MAIRE DEMOUY
7, Rue des Filles-du-Calvaire	Rue de l'Université, 10

EXPOSITION PUBLIQUE

Les Dimanche 4 et Lundi 5 Avril 1897

DE 10 HEURES DU MATIN A 4 HEURES DU SOIR

PARIS — 1897

CONDITIONS DE LA VENTE

—

Elle sera faite **au comptant.**

Les Acquéreurs paieront **cinq pour cent** en sus du prix d'adju-
dication.

Ils seront tenus de prendre la **Fonte brute** existant pour certains
modèles, au prix de **2 fr. 50 le kilogramme.**

Le **Poids de fonte** sera indiqué au moment de la mise en vente
de ces modèles.

La **livraison** mettant les acquéreurs à même de vérifier l'état des
objets vendus, de même que les quantités ou poids énoncés, il ne
sera admis aucune réclamation une fois la **livraison opérée.**

TABLE

—

AVIS : Le Local est à louer.

Maulde, Doumenc et Cie, imprimeurs de la Cie des Commissaires-Priseurs.
rue de Rivoli. 144   6oo—65410

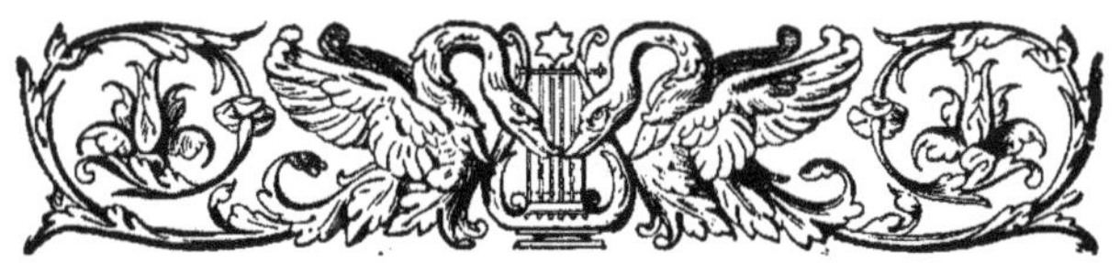

DÉSIGNATION

STATUETTES, GROUPES, BUSTES

5o1 — Statuette **Rose de Mai**, n° 1.
Haut. 0^m77.

5o2 — Statuette **Rose de Mai**, n° 2.

Auguste Moreau, *sculpteur.*

5o3 — Statuette **David**, n° 1.
Haut. 0^m81.

5o4 — Statuette **David**, n° 2.
Haut. 0^m60.

Louis Moreau, *sculpteur.*

5o5 — Statuette **Joueur de pipeaux**, n° 1.
Haut. 0^m95.

5o6 — Statuette **Joueur de pipeaux**, n° 2.
Haut. 0^m41.

5o7 — Statuette **Joueur de pipeaux**, n° 3.

Angles, *sculpteur.*

508 — Statuette **Églantine.**

Haut. 0m75.

Disposé pour l'électricité.

Auguste Moreau, *sculpteur.*

509 — Statuette **Flore,** n° 1.
Haut. 0m58.

510 — Statuette **Flore,** n° 2.

511 — Statuette **Flore,** n° 3.
Hyppolite Moreau, *sculpteur.*

512 — Statuette **Cybèle,** n° 1.
Haut. 0m57.

513 — Statuette **Cybèle,** n° 2.
Haut. 0m45.

514 — Statuette **Cybèle,** n° 3.
Haut. 0m35.
Hyppolite Moreau, *sculpteur.*

515 — Statuette **Amphitrite,** n° 1.
Haut. 0m57.

516 — Statuette **Amphitrite,** n° 2.
Haut. 0m45.

517 — Statuette **Amphitrite,** n° 3.
Haut. 0m35.
Hyppolite Moreau, *sculpteur.*

518 — Statuette **Bacchante,** n° 1.
Haut. 0^{m}57.

519 — Statuette **Bacchante,** n° 2.
Haut. 0^{m}45.

520 — Statuette **Bacchante,** n° 3.
Haut. 0^{m}35.

Hyppolite MOREAU, *sculpteur.*

521 — Statuette **Mozart,** n° 1.
Haut. 0^{m}74.

522 — Statuette **Mozart,** n° 2.
Haut. 0^{m}37.

GRÉGOIRE, *sculpteur.*

523 — Statuette **Lulli,** n° 1.
Haut. 0^{m}77.

524 — Statuette **Lulli,** n° 2.

GRÉGOIRE, *sculpteur.*

525 — Statuette **Berger sculpteur,** n° 1.
Haut. 0^{m}88.

526 — Statuette **Berger sculpteur,** n° 2.
Haut. 0^{m}70.

527 — Statuette **Berger sculpteur,** n° 3.
Haut. 0^{m}51.

AIZELIN, *sculpteur.*

528 — Statuette **Bohémien Moyen-Age.**
Haut. 0^{m}64.

PICAULT, *sculpteur.*

529 — Statuette **Petit Malin.**

Haut. 0^m59.

ROUGELET, *sculpteur.*

530 — Statuette **Marguerite de Faust.**

Haut. 0^m58.

GRÉGOIRE, *sculpteur.*

531 — Statuette **Baigneuse.**

Haut. 0^m58.

LANZIROTTE, *sculpteur.*

532 — Statuette **Glaneuse.**

Haut. 0^m91.

Sans droit de réduction.

AIZELIN, *sculpteur.*

533 — Statuette **Faucheur.**

Haut. 0^m91.

Sans droit de réduction.

AIZELIN, *sculpteur.*

534 — Statuette **Amazone.**

Haut. 0^m97.

FERVILLE-SUAN, *sculpteur.*

535 — Statuette **Pêcheur.**

Haut. 0^m66.

MAILLARD, *sculpteur.*

536 — Statuette **Vendange.**

Haut. 0^m64.

DELAVIGNE, *sculpteur.*

537 — Deux Statuettes **Arabes** (homme et femme), n° 1.
Haut. 0^{m}55.

Deux Statuettes **Arabes** (homme et femme), n° 2.
Haut. 0^{m}41.

SALMSON, *sculpteur.*

538 — Deux Statuettes **Ruth** et **Rebecca.**
Haut. 0^{m}52.

539 — Deux Statuettes **Hallebardier** et **Arbalétrier.**
Haut. 0^{m}50.

MORRIS, *sculpteur.*

540 — Statuette **Peintre Moyen-Age.**
Haut. 0^{m}53.

LAVERGNE, *sculpteur.*

541 — Deux Statuettes **Faunes danseurs.**
Haut. 0^{m}36.

COINCHON, *sculpteur.*

542 — Statuette **Amphitrite.**
Haut. 0^{m}44.

Auguste MOREAU, *sculpteur.*

543 — Statuette **Neptune.**
Haut. 0^{m}44.

Auguste MOREAU, *sculpteur.*

544 — Deux Statuettes **Joueurs de pipeaux,** n° 1.
Haut. 0^{m}40.

545 — Deux Statuettes **Joueurs de pipeaux,** n° 2.
Haut. 0^{m}21.

BULIO, *sculpteur.*

546 — Statuette **Gaulois**.

Haut. 0ᵐ48.

GIRAUD, *sculpteur*.

547 — Statuette **Garde-Champêtre** (Sommeil du juste).

Haut. 0ᵐ35.

PICAULT, *sculpteur*.

548 — Deux Statuettes **Danseurs napolitains**.

Haut. 0ᵐ39.

ANFRIE, *sculpteur*.

549 — Statuette **Boute-Selle**.

Haut. 0ᵐ49.

ANFRIE, *sculpteur*.

550 — Statuette **Premier Prix**.

Haut. 0ᵐ42.

ANFRIE, *sculpteur*.

551 — Statuette **Coquetterie**.

Haut. 0ᵐ45.

ANFRIE, *sculpteur*.

552 — Statuette **Première Chasse**.

Haut. 0ᵐ46.

ROUSSEAU, *sculpteur*.

553 — Deux Statuettes **L'Insulte**.

Haut. 0ᵐ22.

GUILLEMIN, *sculpteur*.

554 — Statuette **Faucheur**.

Haut. 0ᵐ49.

BONNEBALLE, *sculpteur*.

555 — Statuette **Laboureur**.

Haut. 0^m43.

ANFRIE, *sculpteur*.

556 — Statuette **Gladiateur mourant**.

Haut. 0^m16 ; larg. 0^m26.

557 — Deux Statuettes **Amours** (fille et garçon).

Haut. 0^m21.

Disposé pour l'électricité.

ANFRIE, *sculpteur*.

558 — Deux Statuettes **Amours** (fille et garçon).

Haut. 0^m28.

Disposé pour l'électricité.

ANFRIE, *sculpteur*.

559 — Trois Statuettes **Printemps, Été** et **Hiver**.

Haut. 0^m27.

560 — Statuette **Ambroise Paré**.

Haut. 0^m27.

MARIE, *sculpteur*.

561 — Statuette **Dupuytren**.

Haut. 0^m27.

MARIE, *sculpteur*.

562 — Deux Statuettes **Maraudeurs**.

Haut. 0^m25.

Propriété pour le bronze seulement.

563 — Statuette **Joueur de vielle**.

Haut. 0^m12.

564 — Deux Statuettes **Pour l'honneur** et **Pour l'argent**.

Haut. 0^m28.

RAPHAEL, *sculpteur*.

565 — Deux Statuettes **Les Fiancés**.

Haut. 0^m22.

CLAUDE, *sculpteur*.

566 — Deux Statuettes **Sérénade**.

Haut. 0^m21.

CLAUDE, *sculpteur*.

567 — Statuette **Cigale**.

Haut. 0^m27.

RICHARD, *sculpteur*.

568 — Deux Statuettes **Viens compter**.

Haut. 0^m26.

RAPHAEL, *sculpteur*.

569 — Statuette **Mercure**.

Haut. 0^m25.

570 — Deux Statuettes **Le Défi**.

Haut. 0^m23.

CLAUDE, *sculpteur*.

571 — Deux Statuettes **Pierrot** et **Arlequin**.

Haut. 0^m20.

LALOUETTE, *sculpteur*.

572 — Statuette **Enfant aux bulles**.

Haut. 0^m17.

SALMSON, *sculpteur*.

573 — Statuette **Vulcain**.

>> Haut. 0^m20.

>> Auguste MOREAU, *sculpteur*.

574 — Statuette **Enfant à la prière**.

>> Haut. 0^m16.

>> Propriété pour le bronze seulement.

>> Mathurin MOREAU, *sculpteur*.

575 — Statuette **Silène** (antique).

>> Haut. 0^m16.

576 — Statuette **Joueur de vielle**.

>> Haut. 0^m13.

577 — Statuettes **trois Enfants musiciens**.

>> Haut. 0^m10.

578 — Statuette **Silène à l'âne**.

>> Haut. 0^m20.

579 — Groupe **Danse** et **Musique**, n° 1.

>> Haut. 0^m68.

580 — Groupe **Danse** et **Musique**, n° 2.

>> Haut. 0^m69.

581 — Groupe **Danse** et **Musique**, n° 3.

>> Haut. 0^m45.

>> CARRIER-BELLEUSE, *sculpteur*.

582 — Groupe **Leçon de peinture**.

>> Haut. 0^m64.

>> PLÉ, *sculpteur*.

3.

583 — Groupe **Les Captives**.

Haut. o^m67.

E. Hébert, *sculpteur*.

584 — Groupe **Moisson**.

Haut. o^m78.

Avec bras de rechange pour faire les statuettes.
Joueur de tambourin et **Joueuse de castagnettes**.

Debut, *sculpteur*.

585 — Groupe **Sémiramis**, n° 1.

Haut. o^m74.

586 — Groupe **Sémiramis**, n°·2.

Haut. o^m39.

Mathurin Moreau, *sculpteur*.

587 — Groupe **La Jeunesse** et **l'Amour**.

Haut. o^m78.

Formant statuettes **Sentier fleuri** et **Amour**.
Disposé pour l'électricité.

François Moreau, *sculpteur*.

588 — Groupe **Triomphe de Bacchus**.

Haut. o^m40.

Clodion, *sculpteur*.

589 — Groupe **Combat de taureaux**, n° 1.

Haut. o^m45 ; larg. 091.

590 — Groupe **Combat de taureaux**, n° 2.

Haut. o^m33 ; larg. o^m68.

591 — Groupe **Combat de taureaux**, n° 3.

Haut. 0^{m}25 ; larg. 0^{m}54.

Clésinger, *sculpteur*.

Droits d'auteur 15 % par épreuve.

592 — **Hibou et Tortue,** n° 1.

Haut. 0^{m}39.

593 — **Hibou et Tortue,** n° 2.

Haut. 0^{m}16.

594 — **Hibou et Tortue,** n° 3.

Haut. 0^{m}10.

595 — **Hibou et Tortue,** n° 4.

Haut. 0^{m}05.

Clésinger, *sculpteur*.

Droits d'auteur, 15 % par épreuve.

596 — Groupe **Retour de fête.**

Haut. 0^{m}42.

E. Hebert, *sculpteur*.

577 — Groupe **Amour désarmé.**

Mage, *sculpteur*.

598 — Groupe **Chasseur.**

Haut. 0^{m}43.

Delabrière, *sculpteur*.

599 — **Cheval de labour,** n° 1.

Haut. 0^{m}42 ; larg. 0^{m}45.

600 — **Cheval de labour,** n° 2.

Haut. 0^{m}30 ; larg. 0^{m}35.

601 — Cheval de labour, n° 3.

Haut. 0^{m}21 ; larg. 0^{m}22.

602 — Cheval de labour, n° 4.

Haut. 0^{m}13 ; larg. 0^{m}15.

603 — Cheval de labour, n° 5.

Haut. 0^{m}10 ; larg. 0^{m}12.

GECHTER, *sculpteur.*

604 — Enfant tireur d'arc.

Haut. 0^{m}17.

Fondu sur ancien.

605 — Groupe **Trois Incas.**

Haut. 0^{m}20.

606 — Groupe **Combat de taureaux.**

Haut. 0^{m}33.

TRINQUE, *sculpteur.*

607 — Groupe **Faisans.**

Haut. 0^{m}25 ; larg. 0^{m}23.

RONDOUX, *sculpteur.*

608 — Groupe **Poule d'Amérique.**

Haut. 0^{m}13 ; larg. 0^{m}13.

CERIBELLI, *sculpteur.*

609 — Petite Poule d'Amérique.

Haut. 0^{m}18 ; larg. 0^{m}08.

610 — Deux groupes **Baisers,** de HOUDON.

Haut. 0^{m}21.

611 — Groupe **Loup pris au piège.**
>> Haut. 0ᵐ20; larg. 0ᵐ25.
>>>> FRATIN, *sculpteur.*

612 — **Tigre.**
>> Haut. 0ᵐ12 ; larg. 0ᵐ27.
>>>> DELABRIÈRE, *sculpteur.*

613 — Groupe **Enfant faune aux raisins.**
>> Haut. 0ᵐ15.
>>>> CLODION, *sculpteur.*

614 — Groupe **Enfant au ruisseau.**
>> Haut. 0ᵐ20.
>> Fondu sur biscuit de Sèvres.

615 — Groupe **Enfant au nid.**
>> Haut. 0ᵐ20.
>> Fondu sur biscuit de Sèvres.

616 — Groupe équestre **Chasse au tigre.**
>> Haut. 0ᵐ44 ; larg. 0ᵐ34.

617 — Groupe équestre **Brennus.**
>> Haut. 0ᵐ46 ; larg. 0ᵐ36.
>>>> DUCHOISEL, *sculpteur.*

618 — Buste **Théodora.**
>> Haut. 0ᵐ42.

619 — Buste **Jeune Sultane,**
>> Haut. 0ᵐ42.
>>>> CERIBELLI, *sculpteur.*

620 — Buste **Bacchante,** n° 1.
>> Haut. 0ᵐ34.

621 — Buste **Bacchante,** n° 2.

Haut. o^m^o9.

CLESINGER, *sculpteur.*

15 °/₀ de droits d'auteur.

622 — Bustes **Automne** et **Printemps,** n° 1.

Haut. o^m^42.

622 *bis* — Bustes **Automne** et **Printemps,** n° 2.

Haut. o^m^3o.

GRÉGOIRE, *sculpteur.*

623 — Bustes **Jason** et **Médée,** n° 1.

Haut. o^m^43.

624 — Bustes **Jason** et **Médée,** n° 2.

Haut. o^m^3o.

625 — Bustes **Jason** et **Médée,** n° 3.

Haut. o^m^25.

626 — Buste **Marie-Antoinette.**

Haut. o^m^3o.

627 — Buste **Femme Louis XVI.**

Haut. o^m^33.

628 — Bustes **Épaminondas** et **Léonidas.**

Haut. o^m^42.

629 — Buste **Cicéron.**

Haut. o^m^15.

63o — Bustes **Ariane** et **Antinoüs,** n° 1.

Haut. o^m^22.

631 — Bustes **Ariane** et **Antinoüs,** nº 2.
Haut. 0ᵐ17.

632 — Buste **J.-J. Rousseau.**
Haut. 0ᵐ18.

633 — Buste **Voltaire.**
Haut. 0ᵐ12.

634 — Buste **Victor Hugo.**
Haut. 0ᵐ34.

635 — Buste **Ajax.**
Haut. 0ᵐ19.

636 — Deux bustes **Jean qui rit** et **Jean qui pleure.**
Haut. 0ᵐ18.

637 — Deux bustes **Jean qui rit** et **Jean qui pleure.**
Haut. 0ᵐ05.

PENDULES & CARTELS

638 — Pendule **Sirène.**
Candélabre d'accompagnement.
Cartel **Sirène.**

639 — Pendule **bysantine.**
Haut. 0ᵐ48.
Candélabre d'accompagnement, 5 lumières.
Haut. 0ᵐ56.

640 — Pendule **gothique.**

Haut. 0^{m}40.

Candélabre d'accompagnement, 4 lumières

Haut. 0^{m}42.

Bout-de-Table d'accompagnement, 2 lumières

Haut. 0^{m}33.

Vente PERROT.

641 — Pendule **gothique.**

Haut. 0^{m}62.

Candélabre d'accompagnement, 4 lumières.

Haut. 0^{m}63.

MEYNIEL, *sculpteur.*

642 — Pendule **gothique.**

Bout-de-Table d'accompagnement.

Se fait avec potence.

643 — Pendule **Mauresque.**

Haut. 0^{m}38 ; larg. 0^{m}24.

Bout-de-Table d'accompagnement.

Haut. 0^{m}27 ; larg. 0^{m}24.

644 — Pendule **Louis XII.**

Haut. 0^{m}52.

Candélabre d'accompagnement, 5 lumières.

Haut. 0^{m}59.

645 — Pendule **François Ier,**

Haut. 0^{m}46.

Candélabre, 5 lumières.

Haut. 0^{m}34.

646 — Pendule **François Ier**.

Haut. 0^m43 ; larg. 0^m24.

Candélabre d'accompagnement, 5 lumières.

Haut. 0^m15 ; larg. 0^m15.

647 — Pendule ferrure **François Ier**, Bougeoir, Flambeau, Porte-Allumettes, Plumier.

648 — Pendule **Renaissance**.

Haut. 0^m55.

Candélabre, 5 lumières.

Haut. 0^m66.

649 — Pendule **Renaissance** (se fait marbre et bronze).
Haut. 0^m42 ; larg. 0^m37.

Candélabre d'accompagnement.

Haut. 0^m44.

650 — Pendule **Renaissance**.

Haut. 0^m66.

Candélabre d'accompagnement, 9 lumières.

Haut. 0^m73.

651 — Pendule **Renaissance**.

Haut. 0^m43.

Candélabre d'accompagnement, 5 lumières.

Haut. 0^m40.

652 — Pendule **Renaissance**.

Haut. 0^m44.

Candélabre d'accompagnement, 5 lumières.

Haut. 0^m49.

653 — Pendule **Renaissance, à gaine.**

Haut. 0^m50.

Candélabre d'accompagnement, 5 lumières.

Haut. 0^m45.

Destourbet, *sculpteur*.

654 — Pendule **Louis XIII.**

Haut. 0^m54.

Candélabre d'accompagnement, 5 lumières.
Haut. 0^m58.

655 — Pendule **Louis XIII.**

Haut. 0^m50.

Candélabre, 5 lumières.
Haut. 0^m54.

656 — Pendule **Louis XIII**
Haut. 0^m43.
Bout-de-Table, 2 lumières.
Haut. 0^m39.

Destourbet, *sculpteur*.

657 — Pendule **Louis XIV.**
Haut. 0^m55.

Candélabre d'accompagnement, 5 lumières.
Haut. 0^m55.

658 — Pendule **Louis XIV.**
Haut. 0^m36.
Bout-de-Table, 3 lumières.
Haut. 0^m33.

659 — Pendule **Louis XIV**.

Haut. 0^m48.

Candélabre d'accompagnement, 5 lumières.

Haut. 0^m52.

660 — Pendule **Louis XIV**.

Haut. 0^m58.

Candélabre d'accompagnement, 5 lumières.

Haut. 0^m63.

661 — Pendule **Louis XIV**.

Haut. 0^m38.

Candélabre d'accompagnement, 4 lumières.

Haut. 0^m38.

662 — Pendule **Louis XIV**.

Haut. 0^m60.

BRISSON, *sculpteur*.

663 — Pendule **Louis XIV,** n° 1.

Haut. 0^m78.

Candélabre cristaux, n° 1, 7 lumières.

Haut. 0^m91.

664 — Pendule **Louis XIV,** n° 2.

Haut. 0^m66.

Candélabre cristaux, n° 2.

665 — Pendule **Louis XV**.

Haut. 0^m54.

Candélabre d'accompagnement, 5 lumières.

Haut. 0^m58.

666 — Pendule **Louis XV.**

Haut. 0^{m}41.

Candélabre d'accompagnement, 5 lumières.
Haut. 0^{m}50.

667 — Pendule **Louis XV**.

Haut. 0^{m}40.

668 — Pendule **Louis XV,** pour émail.

Haut. 0^{m}20; larg. 0^{m}10.

Flambeau.

Haut. 0^{m}15; larg. 0^{m}08.

669 — Pendule **Louis XV.**

Haut. 0^{m}67.

Candélabre d'accompagnement, 7 lumières.

Haut. 0^{m}73.

ROBERT (Fr.), *sculpteur.*

670 — Pendule **Louis XV**, Saint-Cyr.

Haut. 0^{m}45.

Bout-de-Table d'accompagnement.

Haut. 0^{m}32.

D'après l'ancien.

671 — Pendule **Louis XV.**

Haut. 0^{m}30; larg. 0^{m}18.

672 — Pendule **Louis XVI.**

Haut. 0^{m}57.

Candélabre d'accompagnement, 5 lumières.

Haut. 0^{m}60.

Arrangement d'après l'ancien.

673 — Pendule **Louis XVI.**

Haut. 0^m35.

674 — Pendule **Louis XVI.**

Haut. 0^m55.

Candélabre d'accompagnement, 5 lumières.
Haut. 0^m58.

675 — Pendule **Louis XVI.**

Haut. 0^m45.

Candélabre, 2 lumières.
Haut. 0^m42.

676 — Pendule **Louis XVI.**

Haut. 0^m42.

Candélabre d'accompagnement, 5 lumières.
Haut. 0^m42.

677 — Pendule **Louis XVI.**

Haut. 0^m44.

Candélabre d'accompagnement, 5 lumières.
Haut. 0^m46.

678 — Pendule **Louis XVI**, nuage.

Haut. 0^m31.

679 — Pendule **Louis XVI.**

Haut. 0^m28; larg. 0^m27,

Flambeau d'accompagnement.

680 — Pendule **Pavot**.
Haut. 0ᵐ43 ; larg. 0ᵐ30.
Candélabre d'accompagnement, 4 lumières.
Haut. 0ᵐ50 ; larg. 0ᵐ11.

681 — Pendule **Louis XVI,** bacchante.
Haut. 0ᵐ42 ; larg. 0ᵐ22.
Bout-de-Table d'accompagnement, 3 lumières.
Haut. 0ᵐ40 ; larg. 0ᵐ29.

682 — Pendule **Louis XVI** (pour marbre et bronze).
Haut. 0ᵐ33.

683 — Pendule mignonnette **Louis XVI** (se fait avec
marbre).
Haut. 0ᵐ36.
Bout-de-Table, 2 lumières.
Haut. 0ᵐ28.

684 — Pendule **Louis XVI**.
Haut. 0ᵐ64.
Candélabre d'accompagnement, 9 lumières.
Haut. 0ᵐ65.

685 — Pendule **Louis XVI**.
Haut. 0ᵐ56.
Candélabre d'accompagnement, 5 lumières.
Haut. 0ᵐ67.

686 — Pendule **Lyre**.
Haut. 0ᵐ45.
Bout-de-Table, 2 lumières.
Haut. 0ᵐ35.

687 — Pendule **Louis XVI,** fût (se fait marbre et
bronze).

Haut. 0^{m}25.

Bout-de-Table et Flambeau d'accompagnement.
Haut. 0^{m}17.

D'après l'ancien.

688 — Pendule **Louis XVI,** fût (se fait marbre et
bronze).'
Haut. 0^{m}25 ; larg. 0^{m}20.

689 — Pendule **Enfant tambour.**
Haut. 0^{m}20.

690 — Mignonnette **Louis XV,** Saint-Cyr.
Haut. 0^{m}21.
Réduction d'ancien.

691 — Pendule **Louis XVI,** lyre, n° 1.
Haut. 0^{m}32 ; larg. 0^{m}17.
Bout-de-Table d'accompagnement, 3 lumières.

692 — Pendule **Louis XVI,** n° 1.
Haut. 0^{m}67.

693 — Pendule **Louis XVI,** faune.
Haut. 0^{m}37 ; larg. 0^{m}22.

694 — Pendule **Louis XVI,** glace et marbre.
Candélabre d'accompagnement, 4 lumières.

695 — Pendule **Louis XVI.**

696 — Pendulette femme **Empire**.

Haut. o^m22.

Fondu sur ancien.

697 — Pendule **Trois Grâces**.

698 — Pendule Cage, servant au groupe **Retour de pêche**.

Haut. o^m24,

Candélabre **Folie**, 4 lumières.

Haut. o^m58.

Vente Sevenier.

699 — Grand Cartel **gothique**.

Haut. 1^m05.

Brisson, *sculpteur*.

700 — Cartel **Renaissance,** à griffon, n° 1.

Haut. o^m82.

Cartel **Renaissance,** à griffons, n° 2.

Haut. o^m55.

Destourbet, *sculpteur.*

701 — Cartel **Renaissance**.

Haut. o^m58.

702 — Cartel **Henri II,** chimères.

Haut. o^m70.

703 — Cartel **Louis XV,** oiseaux.

Haut. o^m65.

Fondu sur ancien.

704 — Cartel **Louis XV,** deux enfants.
>Haut. 0^m61.
>Fondu sur ancien.

704 *bis* — Cartel **Louis XV,** à roses.
>Haut. 0^m45.
>Fondu sur ancien.

705 — Cartel **Louis XV.**
>Haut. 0^m60 ; larg. 0^m35.

706 — Un Cartel **Louis XV** et un Cartel **Louis XVI.**

707 — Trois Cartels **Louis XVI.**

708 — Cartel **Louis XVI,** à dauphins.
>Haut. 0^m82.

709 — Grand Cartel **Louis XVI,** lyre à têtes d'aigles.
>Haut. 1^m10.
>Arrangé d'après l'ancien.

710 — Pendule **Amitié** (se fait marbre et bronze).
>Haut. 0^m35 ; larg. 0^m26.
>Coupe d'accompagnement.
>Haut. 0^m20 ; larg. 0^m17.

LUSTRES, SUSPENSIONS, BRAS

711 — Lustre **Flamand,** 6 lumières.

712 — **Lustre,** se fait à 6 et 12 lumières.
>Fondu sur ancien.

713 — Lustre **Louis XV**, 4 lampes électriques et 15 bougies,

Haut. 1^m05 ; larg. 0^m92.

MEYER, *sculpteur.*

714 — Lustre **Louis XV**, 6 lampes électriques.

Haut. 0^m97 ; larg. 0^m70.

DESTOURBET, *sculpteur.*

715 — Lustre **Louis XV**, 16 et 24 lumières.

Haut. 1^m08 ; larg. 0^m70.

716 — Lustre **Louis XV,** 18 et 30 lumières.

Haut. 0^m99 ; larg. 0^m73.

ROBERT, *sculpteur.*

717 — Lustre **Louis XVI**, 12 lumières.

Haut. 1^m02 ; larg. 0^m74.

718 — Lustre **Louis XVI**, 24 lumières.

Haut. 1^m10 ; larg. 0^m80.

719 — Lustre **Flamand**, 6 lumières.

Haut. 0^m78 ; larg. 0^m56.

720 — Lustre **Hollandais**, 12 lumières.

Haut. 1^m15 ; larg. 1^m02.

721 — Lustre **Renaissance,** 6, 12, 18 lumières.

Haut. 0^m76 ; larg. 0^m55.

CONTAMINE, *sculpteur.*

722 — Veilleuse **Renaissance**, 6 lumières.

23 — Veilleuse **Renaissance**. 6 lumières.

724 — Lampadaire **Louis XIV**.

725 — Une Suspension **Renaissance**, petit lion, n° 2.

726 — Suspension **Renaissance**, à 8 lumières, contre-poids supérieur.

727 — Suspension **Renaissance**, 12 lumières.

728 — Suspension **Louis XV** (deux planches).

729 — Bras **Renaissance**, 3 lumières.
Haut. 0m41 ; larg. 0m38.

730 — Bras **Renaissance**, 3 lumières.
Haut. 0m32 ; larg. 0m28.

731 — Bras **Henri II**, 3 lumières.
Haut. 0m40 ; larg. 0m31.

732 — Bras **Louis XIV**, 3 et 5 lumières.
Haut. 0m32 ; larg. 0m37.

733 — Bras **Louis XIV**, n° 1, 5 lumières.
Bras **Louis XIV**, n° 2, 3 lumières.

734 — Bras **Louis XV**, 3 lumières.
Haut. 0m54 ; larg. 0m51.

735 — Bras **Louis XV**, 2 et 3 lumières.
Haut. 0m37 ; larg. 0m22.
Fondu sur ancien.

736 — Bras **Louis XVI**, 2 lumières.
Haut. 0m57 ; larg. 0m31.

737 — Bras **Louis XVI**, tête de bélier, 3 lumières.
Haut. 0m50 ; larg. 0m36.
Fondu sur ancien.

738 — Bras **Louis XVI**, 4 lumières.
Haut. o^m45 ; larg. o^m37.

739 — Bras **Louis XVI**, carquois, 2 lumières.
Haut. o^m40 ; larg. o^m24.
Fondu sur ancien.

740 — Bras **Louis XVI**, 3 lumières électriques.
Haut. o^m86 ; larg. o^m5o.
Fondu sur ancien.

741 — Bras **Louis XVI**, 3 lumières.
Haut. o^m42 ; larg. o^m3 1.
Fondu sur ancien.

742 — Applique **Louis XVI**, à roses, 2 lumières.
Haut. o^m5o.

743 — Bras **Louis XVI**, serpent, 2 lumières.

744 — **Plâtre inédit** : lustre pour électricité.

CHENETS

745 — Chenet galerie **gothique**.
Long. 1^m35.

746 — Chenet galerie **Renaissance**.
Haut. o^m32 ; long. 1^m2o.

747 — Chenet galerie **Renaissance**.
Haut. o^m45 ; long. 1^m3o.

748 — Chenet galerie **Renaissance,** tête de lion.

> Long. 1^m37.

749 — Chenet galerie **Louis XIII.**

> Long. 1^m30.

750 — Chenet **Louis XIV.**

> Haut. 0^m40 ; long. 0^m40.
>
> Fondu sur ancien.

751 — Chenet **Louis XIV,** galerie.

> Haut. 0^m50 ; long. 1^m40.

752 — Chenet **Louis XIV,** lion (creux et plein).

> Long. 1^m30.

753 — Chenet galerie **Louis XV.**

> Long. 0^m80

754 — Chenet **Louis XV,** Caffieri.

> Long. 0^m38.

755 — Chenet galerie **Louis XV.**

> Long. 1^m25.

756 — Chenet galerie **Louis XV.**

> Long. 1^m28.

757 — Chenet galerie **Louis XV.**

> Long. 1^m28.

758 — Chenet galerie **Louis XV.**

> Long. 1^m38.

759 — Chenet galerie **Louis XVI,** à corne d'abon-
dance.

> Long. 0^m90.

760 — Chenet galerie **Louis XVI**.
Long. 1^m25.

761 — Chenet galerie **Louis XVI**.
Long. 1^m37.

762 — Chenet galerie **Louis XVI**.
Haut. 0^m34 ; long. 1^m20.

763 — Chenet galerie **Louis XVI**.

764 — Chenet galerie **Louis XVI, enfant**.
Long. 1^m15.

765 — Chenet galerie **Louis XVI**.
Long. 1^m15.

766 — Chenets **Louis XVI, enfants pêcheurs**.

767 — Chenet galerie **Louis XVI**.
Long. 1^m15.

768 — Chenet galerie **Louis XVI**.
Long. 1^m27.

769 — Chenet galerie **Louis XVI**.

770 — Chenet **Louis XVI, grenade**.

771 — Chenet **Louis XVI**.

772 — Chenet galerie, **Louis XVI**.
Long. 1^m18.

773 — Chenet **Ferrure, lions**.
Haut. 0^m49.

774 — Landier **Ferrure**.
Haut. 0^m52 ; long. 1^m20.

775 — Chenet **Griffon**.

FLAMBEAUX, BOUGEOIRS, CADRES
MIROIRS, ENCRIERS, VASES

776 — Vase **Louis XVI,** Dauphin.

777 — Vase **Cratère,** n" 1 et n" 2, Vase **Vigne.**

778 — Coupe **Louis XVI,** Médaillon.

779 — Cadre glace **Louis XV** (propriété).
Haut. 0^m65 ; larg. 0^m42.

780 — Cadre glace **Louis XV** (propriété).
Haut. 0^m54 ; larg. 0^m32.

781 — Cadre glace **Louis XVI** (propriété).
Haut. 0^m63 ; larg. 0^m37.

782 — Cadre glace **Louis XV.**
Haut. 0^m70 ; larg. 0^m46.
MEYER, *sculpteur.*

783 — Cadre glace **Louis XV.**
Haut. 0^m**57** ; larg. 0^m35.
MEYER, *sculpteur.*

784 — Cadre glace **Louis XV.**
Haut. 0^m48 ; larg. 0^m31.
MEYER, *sculpteur.*

785 — Cadre glace **Louis XV.**
Haut. 0^m61 ; larg. 0^m38.
MEYER, *sculpteur.*

786 — Cadre **Louis XVI** (propriété).
Haut. 0^m55 ; larg. 0^m35.

787 — Cadre glace **Louis XV** (propriété).
Haut. 0^{m}43 ; larg. 0^{m}27.

788 — Cadre glace **Louis XV** (propriété).
Haut. 0^{m}58 ; larg. 0^{m}35.

789 — Cadre glace **Louis XV** (propriété).
Haut. 0^{m}47 ; larg. 0^{m}25.

790 — Cadre glace **Louis XV** (propriété).
Haut. 0^{m}51 ; larg. 0^{m}32.

791 — Cadre glace **Louis XV** (propriété).
Haut. 0^{m}78 ; larg. 0^{m}45.

792 — Deux Cadres **Louis XVI.**

793 — Deux Cadres **Louis XV.**

794 — Encrier, Flambeau et Porte-Allumettes **Renaissance.**

795 — Encrier **Renaissance,** à 3 godets.

Encrier **Renaissance,** à dossiers, 2 lumières.

796 — Encrier, Plumier, Sonnette, Flambeau, Cendrier, Bougeoir, Médaillon.

797 — Un Bougeoir et un Flambeau **Renaissance.**

798 — Trois Bougeoirs, un Flambeau.

799 — Bougeoir et Flambeau **Dauphin.**

800 — Girandole style **Flamand,** n° 1, 7 lumières.
Haut. 0^{m}65 ; larg. 0^{m}27.

Girandole style **Flamand,** n° 2, 6 lumières.
Haut. 0^{m}57 ; larg. 0^{m}37.

801 — Girandole **Louis XVI,** 6 lumières et cristaux.

802 — Quatre Girandoles à cristaux de **différents Styles**.

803 — Deux Flambeaux **Louis XVI**.

804 — Bout-de-Table **Louis XV**, 2 lumières.
Se fait avec écran.

805 — Bout-de-Table enfants **Louis XV**, 3 lumières.

Bout-de-Table enfants **Louis XVI**, 2 lumières.
Disposé pour l'électricité.

806 — Bout-de-Table **Enfants**.
Se fait à 2 et 4 lumières.
Disposés pour l'électricité.

GRÉGOIRE, *sculpteur*.

Avec ornements **Louis XIV** et **Louis XV**.

DESTOURBET, *sculpteur*.

807 — Deux Bouts-de-Table enfants **Louis XV** et **Louis XVI**.
Haut. 0^{m}42 ; larg. 0^{m}27.

808 — Deux Bouts-de-Table, 2 lumières.
Haut. 0^{m}18.

809 — Bouillotte **Empire**.

810 — Deux Flambeaux **Louis XV**.

811 — Deux Flambeaux **Louis XV**.

812 — Trois Flambeaux **Louis XV**.

813 — Six Flambeaux **Louis XV**, un Bout-de-Table, 2 lumières.

814 — Quatre Flambeaux, un Porte-Allumettes.

815 — Six Flambeaux de **différents Styles**.

816 — Sept Bougeoirs de **différents Styles**.

817 — Deux Flambeaux **Louis XV**.

818 — Sept Flambeaux **Louis XV**.

819 — Trois Flambeaux **Louis XV**.

820 — Un Flambeau **Louis XIV**.

821 — Presse-Papiers **Enfant lézard** et **Enfant lapin**.

822 — Porte-Allumettes, **Enfant à la marmotte**.

Haut. 0^{m}12.

823 — Porte-Montre **Enfant**.

Haut. 0^{m}12.

824 — Eléments pour **Tabouret**, avec marbre.

825 — Surtout, Jardinière, Candélabre.

BRISSON, *sculpteur*.

826 — Buire **Louis XVI**.

827 — Service **Byzantin**. Pot à tabac, Flambeau, Encrier, Plumier et Sablier.

828 — Encrier **Louis XV**, un godet.

829 — Encrier et Plumier **Renaissance**.

830 — Encrier **Renaissance**, Cendrier, Porte-Plume.

831 et numéros suivants, les Modèles et Eléments non portés au présent Catalogue.